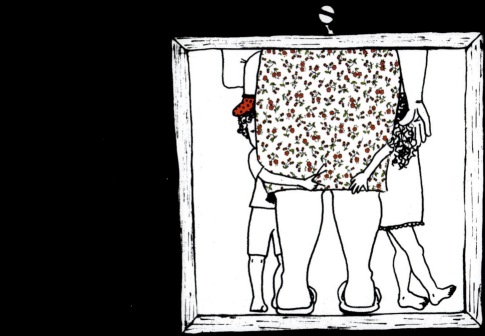

Neide Barros

Juju Martiniano

Coordenação editorial: Laura van Boekel
Editoras assistentes: Mariana Lima e Mariana Oliveira
Editora assistente (arte): Luíza Costa
Assistente de arte: Leonardo Costa e Claudia Oliveira
Projeto gráfico: Risonete Nogueira e Leear Martiniano
Ilustrações: Juju Martiniano

CIP-BRASIL. CATALOGAÇÃO NA FONTE
SINDICATO NACIONAL DOS EDITORES DE LIVROS, RJ

B28r
Barros, Neide
Receitas da vó para salvar a vida / Neide Barros; [ilustrações] Juju Martiniano. – 1ªed. Rio de Janeiro: Escrita Fina, 2012.
32p.: il.
ISBN 978-85-63877-57-4
1. Avós e netos - Literatura infantojuvenil brasileira. I. Martiniano, Juju. II. Título.
12-1656. CDD: 028.5 CDU: 087.5

Escrita Fina Edições
[marca do Grupo Editorial Zit]
Av. Pastor Martin Luther King Jr., 126 | Bloco 1000 | Sala 204
Nova América Offices | Del Castilho | 20765-000 | Rio de Janeiro | RJ
T.: 21 2564-8986 | editora@zit.com.br | grupoeditorialzit.com.br

Impresso no Brasil/*Printed in Brazil*

Para Bentinho, Mariana, Tom e mamãe Riso.

Para a avó Edith

Para vovó Zefinha e vovó Alvarina.

Para todas as avós do mundo.

Espreguiçando... manhãzinha... espreguiçando...

Manhãzinha espreguiçando à mesma hora...
Um por um aproximamos de mansinho,
Um beijinho em sua mão: — A bença, vó!
Para ouvir:
— Deus te abençoe, meu anjinho!

9

A gente largando chinelo virado
No meio da casa, no sol, no quintal...
A vó bem depressa, o dedo apontado:
-Desvira, desvira que isso faz mal...

Sonhei com escuros, com coisa ruim!
No colo gorducho, a vó me consola:
– Não chora, menina bonita, danada...
É tudo o contrário que vem sem demora!

Se eu pulo, requebro, embolo, me espicho,
Planto bananeira, ou se rodopio,
A vó já declara ligeiro, ligeiro:
– Essa menina tá com bicho-carpinteiro!

Com folhinhas de cidreira,

Na xicrinha faz chazinho.

Me faz tranças, conta histórias

Bem baixinho, bem baixinho.

Soluço, soluço, que chato, soluço.

A vó me dá susto: aumenta o soluço!

Ela puxa um fiapo de sua costura

E molha, embola, me gruda na testa.

Soluço, soluço... Passou o soluço!

A vó me dá beijo, enquanto faz festa!

Os meus cabelinhos subiram, ui ui!

Passou um arrepio por mim bem agora...

Pra isso eu já tenho receita da vó:

— Passa, morte, que eu tô forte!

É só dizer bem na hora.

Se amarro meus pés numa brincadeira,
A vó vem depressa mudando de assunto:
– Desamarra isso, menina, já, já,
Só quem amarra pé é defunto!

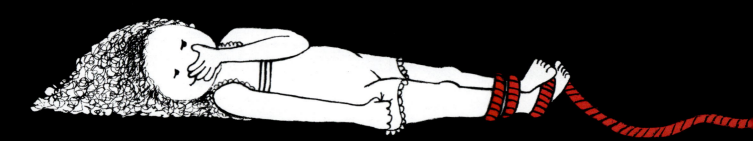

Deitamos no chão, barriga pra cima,
Fechamos os olhos contando até três:
– Deita assim não, menina, levanta!

Vem um fantasma e puxa o pé d'ocês!

Se me aquieto num canto,

Se fico sem tangolomango,

Se nem rodopio,

a vó declama seu espanto:

—Essa menina tem quebranto!

Com cantigas de menina
Me convida pra dançar.
Pula, canta, rodopia:
— Vamos, ande, vem brincar!

Cheiro bom, terra molhando, vem de longe...
Céu dançante, vento fresco sem parar.

Todo mundo cruza os dedos esperando:

– Hoje tem banho de chuva? Será?

Ela chega batucando pelo chão,

Correm todos pro quintal a se molhar.

Chuva gorda, chuva fresca, quanta chuva!
Muita farra, que delícia de brincar...

Minha vó, olhando a gente, logo avisa:
– Se ouvirem trovoadas, entrem já!

22

À tardinha...
Em nossa casa tudo cheira:
roupa limpa, banho morno, o jantar,
Tem perfume de alfazema e a voz dela:

-Fecha os olhos pro encanto não quebrar... -Fecha os olhos pro

24

– Fecha os olhos pro encanto não quebrar... encanto não quebrar...

Tem cigarra anunciando as seis horas
Repetindo nossas tardes mais um dia.
Nossa vó silenciosa à nossa espera
Escutando de acalanto: Ave - Maria... Ave - Maria...

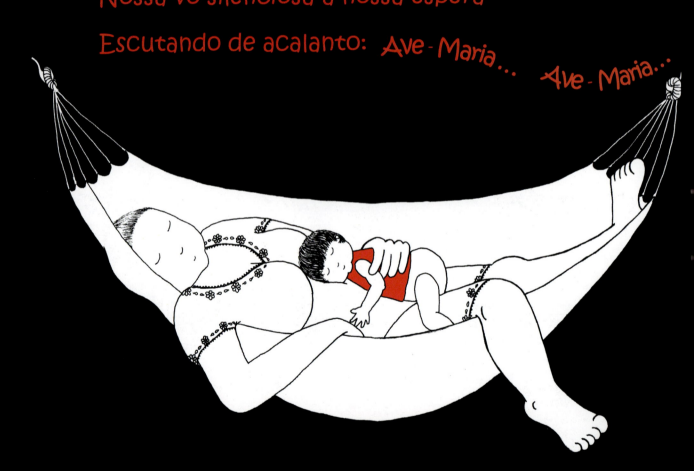

Ave-Maria... Ave-Maria... Ave-Maria...

Poeta e Imaginadora

Os cabelos muito emboladinhos as aproximam.

Uma escreve como quem **olha.**
Outra olha como quem desenha.
A palavra de uma deixa de ser
palavra pra se virar em puríssimo azul.
O azul da outra nem precisa ser colorido,

se desenha de **convite** para todos os sons.
Uma se veste de palavras e sai a acordar gestos
e sentires, os mais íntimos. Acorda e acalanta até.

A outra, como se fora música, passeia pelas

palavras com tal **delicadeza,**
que seus movimentos acalmam e se acalmam.
Elas são poeta e imaginadora,
mas dizer quem escreve e quem ilustra o quê,
isso não é tão simples. Já elas...

Risonete Nogueira

grupo editorial **zit**

Primeira edição: novembro de 2012
Data desta tiragem: junho de 2022
Impressão: Zit Gráfica e Editora